晨讀10分鐘

人生勝利組的啟蒙名言100句

西沢 泰生 著

楓書坊

主要登場人物介紹

小言

12歲。

「名言學園（小學部）」的學生。目標成為「名言大師」，正在努力學習中。與琴葉一同踏上畢業考試——「蒐集名言100句之旅」。雖然非常喜歡名言，成績卻不怎麼樣。

琴葉

12歲。

小言的同班同學。

對於與小言被分在同一組感到不滿。在班上成績名列前茅，相當可靠。從「名言學園」拿到「名言清單100」。

小梅

與小言、琴葉一起踏上旅程的機器犬。可作為踏上旅程的兩人與校長及奈奈美老師通話的通訊機，亦具備口譯功能。老師們則透過小梅，默默守護著小言及琴葉。

奈奈美老師

小言與琴言的班導師。是將小言與琴葉分在同一組的主謀。她將兩人分在同一組是有理由的。另外，她會針對兩人所蒐集到的名言進行「解說」。

校長

「名言學園」的校長。以前是傳說中的「名言宗師」。為了讓孩子們認識名言的奧妙而創立「名言學園」。另外，他會贈送兩人與名言相關的「小叮嚀」。

目次

★推薦「晨讀」★

本書會以單篇1到2頁的篇幅來介紹100句名言。可任意從喜歡的人物名言開始讀起，依自己的步調閱讀，例如低年級生一天讀5位、高年級生一天讀10位人物的名言等等。

踏上「蒐集名言之旅」

哈囉，大家好！我是小言！為了完成名言學園的畢業課題，我現在要搭上時光機，踏上蒐集名言之旅！只要與偉人見面，集滿100句名言，就能成為「名言大師」！好了，時光機準備出發！喂琴葉，可別遲到喔！
真是的，為什麼我非得與成績吊車尾的小言一組呢？真不曉得奈奈美老師在想什麼……小言很健忘，我得好好保管蒐集名言用的「名言清單100」才行。小梅，你有乖乖跟上嗎？正在讀這本書的你，現在就跟我們一起出發，踏上蒐集名言之旅吧！
汪汪！

第1章

前往上古世界

認識自古流傳的「智慧」

旅行的第一站要前往「上古世界」。根據「名言清單100」記載，我們要找的是「距今1000年以上的偉人」
好了各位，我們要出發了。時光機啟動！
聽到上古世界，我還以為是指原始人呢。

1

思想家 孔子的名言

溫故而知新。

出自《論語》為政篇

【孔子】（西元前552年～前479年）中國春秋時代的思想家、哲學家，也是儒教的始祖。透過孔子旗下門生將其言論彙編而成的《論語》，就能得知孔子說過的話。

「故」指的是「前人的思考與經驗」。這句話是孔子在教導學生「若想成為人上人，就要溫習前人所留下的智慧及學問」，也縮略為四字成語「溫故知新」。

從前人的成功經驗及失敗經驗中，可找到新的點子及煩惱的答案。之所以要你們踏上蒐集名言之旅，是希望你們能知道更多名言並運用在未來。接下來的旅程也要好好加油喔！

更加了解這個人物

在孔子所在時代的中國，馬是相當重要的財產。孔子也有養馬，而且相當重視馬匹。然而有一次孔子不在家時，弟子們引發火災，導致馬被燒死。

弟子們戰戰兢兢地說道：「等老師回來了一定會被責罵。」沒想到，孔子回到家中得知馬被燒死，卻問道：「有沒有人被火燒到？」眾人回答：「沒有。」孔子便說：「那就好。」關於馬匹的事一點也沒提。

比起價格昂貴的馬匹，孔子最先擔憂的是弟子及家僕們的安危，對於引發火災的過失卻概不責備。弟子們相當感動，也更加尊敬孔子了。

小叮嚀

學習過去就是學習未來。

孔子真的很酷耶。
孔子的教導都彙整在《論語》當中喔。

佛教創始人 **釋迦牟尼**的名言

2

不必看他人失敗。

【釋迦牟尼】（西元前463年～前383年左右）佛教的創始人，本名喬達摩．悉達多。據說他29歲出家，35歲在菩提樹下開悟，其後周遊各國宣揚佛教。

釋迦牟尼佛說，與其檢視「他人所做過的事」及「沒做到的事」，不如檢視「自己做過的事」及「沒做到的事」。當一個人失敗時，常會有人化身正義使者，過度譴責他人。不過，他人的失敗其實無所謂。重要的是自己要踏實行動。

小叮嚀

與其在意他人的失敗，不如在意自己的作為。

3

哲學家 柏拉圖的名言

待人要仁慈，因為你所遇到的每個人都正在經歷艱苦的戰鬥。

【柏拉圖】（西元前427年～前347年左右）古希臘哲學家。為蘇格拉底的學生，亞里斯多德的老師。柏拉圖將蘇格拉底的言論彙整起來，流傳後世。

沒想到平時總是笑容滿面、個性開朗的同學，竟然從小父母雙亡。我們很難了解他人背後的辛酸，所以柏拉圖才會說「對待任何人都要仁慈」。各位同學也要懂得「體恤他人」喔。

小叮嚀

朋友們的笑容背後都隱藏著辛酸。

4

哲學家 蘇格拉底的名言

要認清自己其實什麼都不懂。

再怎麼博學多聞的人也會有不懂的地方，所以蘇格拉底才會說，認清「自己其實什麼都不懂」的人比「不曉得自己其實什麼都不懂的人」還要優秀。

自認為「無所不知」的人，大多會遭到周圍的人輕視。與其這樣，倒不如抱著「世上還有許多自己不懂的事」的心態虛心學習，才能讓自己成長。

【蘇格拉底】（西元前469年～前399年）古希臘哲學家。蘇格拉底自身沒有留下任何著作，可透過其學生柏拉圖所寫的《蘇格拉底的申辯》等著作了解蘇格拉底。

更加了解這個人物

蘇格拉底的妻子贊西佩個性相當好強。有一次她在氣頭上，竟往蘇格拉底的頭上潑水。儘管如此，蘇格拉底仍鼓勵學生們結婚，他說：「娶到賢妻會生活美滿，娶到惡妻會成為哲學家。」

據說蘇格拉底因為冤罪被判死刑時，得知消息的贊西佩批評道：「你竟然因為冤罪而死！」蘇格拉底則說：「難道我真的因為犯罪被處以死刑會比較好嗎？」行刑當天，直到行刑的前一刻，蘇格拉底都和平時一樣與學生們談天說笑，然後如同喝果汁般飲下備妥的毒藥，立刻毒發身亡。

小叮嚀

認清「自己的無知」，好好學習！

我也很清楚自己其實什麼都不懂喔。
是啊，連考試成績也很糟。

5

歷史家 **司馬遷**的名言

先發制人。

出自《史記》項羽本紀

【司馬遷】（西元前135年～前86年左右？）中國西漢的歷史家，也是《史記》的作者。10歲學習古文，20歲時周遊全國，蒐集並彙整各地史料。

這句話的意思是「只要比他人先展開行動，就能抓住機會」。現在社會上也有「先搶先贏」的風氣，各項活動的預約席門票也是先買的人能挑到好位置。要是慢吞吞的話，別說位置差，連門票都買不到。因此想要搶先他人，就得趁早做決定。

小叮嚀

「下不了決心的人」會錯過機會。

6

兵法家孫子的名言

知己知彼，百戰百勝。

【孫子（孫武）】（西元前6世紀～前5世紀）中國春秋時代的武將、兵法家。據説為兵書《孫子》的作者。認為「不戰而勝」才是最好的勝利方式。

這句話的意思是「只要能透徹了解對方，明白自身的實力，就絕不會輸」。例如吵架時，只要一開始就別跟比自己強的對手吵架，就絕不會輸。《孫子》當中記載許多在現代也很實用的看法，市面上也有不少針對商務人士出版的解說書籍。

小叮嚀

想要獲勝，關鍵就是「情報」。

7

聖人 **耶穌基督**的名言

有人打你的右臉時，把左臉也轉過去讓他打。

當有人打你時，如果還手就會演變成打架。這句話的意思是，即便對方不對，也應該抱持寬大心胸，原諒對方。在漫長歷史中，基督教徒曾多次遭到掌權者苛刻對待。不過正因為基督教重視「原諒對方的心態」，信徒們才能默默忍受迫害。

【耶穌基督】（西元前4年～紀元後30年左右）基督教的始祖。父親是約瑟，母親是瑪利亞。耶穌走遍各地宣揚上帝的旨意，他的言論成為基督教的信仰，流傳至今。

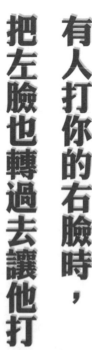

小叮嚀

有人想打你的臉，那就讓他打吧。

更加了解這個人物

聖經可分成《舊約聖經》及《新約聖經》兩種。書中記載〈亞當與夏娃〉、〈諾亞方舟〉等故事的是《舊約聖經》，書中彙整了基督教教義的則是《新約聖經》。

「聖經」也有「記載一切的書」的意思，比方說「這本書是製作甜點的聖經」。新約聖經裡也誕生了許多諺語，像是「眼睛上有鱗片掉下來（出自〈使徒行傳第9章〉）」、「把珍珠丟在豬前（出自〈馬太福音第7章〉）」等。而除了本篇所介紹的名言外，還有「人不能只靠麵包度日」（人活著並不是只為了吃）等許多名言。

的確，要是還手就會演變成打架了。
換成國家的話，就會演變成戰爭了。

8

伊斯蘭教創始人 **穆罕默德**的名言

一個人真正的「財富」，是他在這個世上所做的善行。

【**穆罕默德**】（約570年～632年）先知，也是伊斯蘭教的創始人。受到真主阿拉的啟示，提倡絕對服從唯一真主阿拉。

穆罕默德為與基督教、佛教並稱世界三大宗教的伊斯蘭教創始人。這句名言的意思是「人只要做好事就能得到幸福」。做好事會覺得神清氣爽，做壞事就會心有內疚。而且做好事能磨練人格，也能讓自己成長。

小叮嚀

做好事能充實心靈。

9

古代以色列王 所羅門王的名言

快樂的心有如一劑良藥，能幫助他人。

【所羅門王】（西元前1011年～前931年左右）古代以色列王國第三任國王。他運用上帝賜給他的智慧，透過與外國交易，開創富饒的國家。

所羅門王說：「有的人只要一在場，就能讓全場氣氛頓時開朗起來。這種人光是存在就能幫助大家。」各位也是一樣，與其和陰沉的人在一塊，不如與開朗有朝氣的人在一塊，這樣不但能從對方身上得到活力，自己也會跟著開朗起來。

小叮嚀

朝氣十足的人如同太陽一樣，為眾人帶來光明。

10

數學家 **歐幾里得**的名言

學問無王道。

【歐幾里得】（西元前300年左右）古希臘數學家、天文家。被稱為幾何學之父，現存不少他留下的著作。

歐幾里得是位優秀的學者，負責教導當時的國王。當國王問他：「有沒有能快速習得學問的方法？」歐幾里得回答的就是這句名言。這句話的意思是「即使是國王，學習學問也沒有捷徑」，不論是哪種人，都只能努力學習。

小叮嚀

一步一腳印才是學習的捷徑。

11

政治家 **凱撒的名言**

骰子已經擲出。

【凱撒】（西元前100年～前44年左右）羅馬共和國的政治家、軍人。也是名留後世的作家，留下「骰子已經擲出」、「吾兒，亦有汝焉？」等常出現在戲劇等的名言。

正如同遊戲開始時擲骰子，意思是「已經開始進行，事到如今也無法停手了」必須下定決心。

這句名言是凱撒率軍渡過位於羅馬邊界的盧比孔河時，為表達「我要對羅馬發動戰爭」的決心所說的話。

小叮嚀

成就大事需要有極大的決心。

12

思想家 **孟子的名言**

往者不追，來者不拒。

這句話的意思是「對於想離開自己的人要尊重其意志，不要挽留。至於信賴自己而送上門來的人，無論對方是誰一概接納」。重要的不是基於自己，而是以對方為主來考量。舉例來說，對於想退出棒球社、加入足球社的人，不要以「隊伍陣容會變弱」為由來挽留對方。至於對想加入棒球社的人，則不以「打的太差」為由拒絕對方加入。比起自身的利益，應該放寬心胸，優先考量對方。

【孟子】（西元前372年～前289年左右）中國戰國時代的儒學家。曾學習孔子的教誨。有名的「孟母三遷」是描述孟子母親因年幼孟子受到居住環境影響而屢次搬家的故事。

小叮嚀

要擁有尊重對方看法的心胸。

更加了解這個人物

孟子是個了不起的人物，而孟子的母親也相當了不起。孟子小時候，一家人住在墓地附近。某天，孟母看見孟子在玩「葬禮遊戲」，心想「這對孩子的教育有不良影響」便立刻搬家。孟母移居的住處位於市場附近，不過這次孟母又看到孟子在模仿商人，於是又搬家了。

這次住的地方位於學校附近，孟子總算對讀書產生了興趣。

這則軼事被稱作「孟母三遷（＝意思是孟母三度搬家）」，告訴我們若想讓孩子步上求學的道路，孩子的「養育環境相當重要」。

喜歡的人離開自己真的很難受。
接納合不來的人也很重要。

13

思想家 **老子**的名言

濁而靜之徐清。

【老子】（西元前579年～前499年左右）
中國春秋時代末期的思想家、哲學家。也是《老子》的作者，據說老子乃是「偉大人物」的尊稱。

這句話的意思是，陷入濁水時，掙扎只會使水變得更混濁，只要靜待一陣子後水就會變清澈。同樣道理，當糾紛等事態惡化之際，與其急得手忙腳亂，不如暫時別做多餘的事，在一旁靜觀，有時反而會化解糾紛。

小叮嚀

有時候，時間會解決問題。

14

戰勝自己，是人類最初也最棒的勝利。

哲學家 **德謨克利特**的名言

【德謨克利特】（西元前460年～前370年左右）古希臘哲學家。是在距今2400年前的古代，建立不輸給現今科學與數學理論的大天才。

不論是讀書還是運動，最重要的其實不是贏過對方，而是戰勝自己。「好累喔，今天就別練習吧」這種想法就是「輸給自己」。鈴木一朗選手也說過：「最大的對手是自己。」人唯有持續讓自己比「昨天的自己」還要「出色」，才會成長。

小叮嚀

輸給自己才是真正的敗北。

15

哲學家 **普羅達哥拉斯的名言**

人是萬物的尺度。

【普羅達哥拉斯】（西元前490年～前420年左右）希臘的智辯家。為第一個自稱智辯家（＝高手、賢人），以講授被稱為「道德」的政治及法律等為業的人。

比方說看到同一片披薩，有的人覺得「好小片，一口就能吞下」，有的人則覺得「大到吃不下」。究竟那片披薩「是大是小」，得視每個人的感受方式而定。這句名言的意思是「萬物的基準由個人想法來決定」，置身相同的狀態是苦是樂，端看個人想法而定。

小叮嚀

只要心懷趣味，連「讀書」也會變有趣。

1 名言大師問答題

蒐集名言之旅上古篇到此結束。我要出題考考你們，看看你們成長了多少。不要馬上看答案，一定要先好好思考後再看答案。

問答題 以下是三位偉人的名言。（？）中應該填入哪個詞？
（解答在下一頁）

古希臘數學家　畢達哥拉斯的名言

憤怒始於無謀，終至（？）。

古羅馬政治家　老加圖的名言

不要買自己想要的東西，
而是買自己（？）的東西。

古希臘數學家　阿基米德的名言

只要有幹勁，
就能找到（？）。

名言大師問答題 1

解答

古希臘數學家　畢達哥拉斯的名言

憤怒始於無謀，
終至（後悔）。

古羅馬政治家　老加圖的名言

不要買自己想要的東西，
而是買自己（需要）的東西。

古希臘數學家　阿基米德的名言

只要有幹勁，
就能找到（機會）。

你想到的答案是不是正確解答？接下來要前往古代日本之旅，路上小心喔。

第2章

前往古代日本

學習在戰亂之世生存的「強者思考」

好了，接下來是「前往古代日本」之旅！要找的是「活躍於日本昭和時代初期以前的人們」。也有許多出現在教科書中的人物喔。
那就出發吧。時光機啟動！
好想趕快見到戰國時代的武將喔！

16

教育家 福澤諭吉的名言

上天不會造人上人，也不會造人下人。

出自《學問之勸》福澤諭吉著

這句名言是出自福澤諭吉所著的《學問之勸》這本書。光看這句話的意思是「人無上下之分，眾人皆平等」，這句話還有後續，意思是「然而放眼世間，有聰明的人也有愚笨的人，有窮人也有有錢人。會產生這樣的差異，在於一個人有沒有學問而定」警告大眾沒有學問就會變得愚笨貧窮。

【福澤諭吉】（1835年～1901年）中津藩（大分縣）的教育家、思想家，也是慶應義塾的創辦人。以一萬日圓紙鈔上的肖像廣為人知。

小叮嚀

愈勤奮學習，生活就會愈「充實」。

更加了解這個人物

正因為勸大眾研究學問，福澤諭吉本身也相當勤奮用功。當時，福澤諭吉拚命學習從與日本有交流的荷蘭傳入的「西洋相關的學問」，也就是蘭學，因此在他前往江戶之前就已經精通荷蘭語了。

沒想到當他抵達江戶後，不知怎地卻聽不懂外國人說的話。這也當然，因為那些美國人及英國人說的不是荷蘭語，而是英語。福澤諭吉雖然大受打擊，卻毅然捨棄過去拚命學習的荷蘭語，隨即開始勤學英語。真不虧是《學問之勸》的作者。

沒有學問就會變窮困…還真嚴苛呢。
這句話也帶有心靈也會變得匱乏的意思喔。

17

政治家 聖德太子的名言

以和為貴。

【聖德太子】（574年～622年）飛鳥時代的皇族、政治家。擔任推古天皇的攝政，曾派遣遣隋使，並導入中國大陸的佛教等文化及制度。

據說聖德太子相當聰明，能「同時聽十個人講話」。這句名言是聖德太子所制定的《十七條憲法》第一條，提倡「儘管彼此意見不同，只要好好商量不起爭執，不管什麼事都能辦到」，也就是只要集結眾人的智慧，就能產生很棒的想法。

小叮嚀

不要起爭執，以合作為優先。

18

能樂家 **世阿彌**的名言

勿忘初衷。

出自《花鑑》世阿彌著

【世阿彌】（1363年？～1443年？）室町時代的猿樂師。與父親觀阿彌致力發展猿樂（能樂），後來由觀世流繼承至今。

這句名言是精通日本傳統藝能之一「能樂」的世阿彌告訴修業弟子的話，意思是「習慣後就會心生怠慢，一定要隨時保持自己剛開始學習能樂時的青澀與認真」，這句話能運用在各方面，至今仍用來當作對「慣性」的告誡，廣為使用。

小叮嚀

回想初衷能讓人成長。

19

武將　織田信長的名言

只會聽命行事的是雜兵。

「雜兵」是指身分低下的士兵，這裡是指「微不足道的人」。信長從年輕時起就在思考統一天下，不斷發起行動。因此在信長看來，只會聽命行事的人能力還不夠。這句話蘊含著信長的想法：「自己思考，找到該做的事。」

信長很重視懂得自己思考的人，所以即便是像秀吉那樣的足輕（身分最低的士兵），只要有才能，信長就會提拔他。

【織田信長】（1534年～1582年）活躍在戰國時代到安土桃山時代的戰國大名。與後來統一天下的豐臣秀吉、開創江戶幕府的德川家康並稱為三英傑。

小叮嚀

自己去找到該做的事吧。

更加了解這個人物

信長與當時為宣傳基督教而到日本的傳教士也有交流。據說當傳教士向信長展示地球儀說明「地球是圓的」時，信長馬上就理解，可能是日本第一個理解「地球是圓的」的人物。

一般常以「杜鵑不啼就殺了牠」來比喻信長的個性，逆我者格殺不論，給人殘酷的印象。不過信長也留下不少展現溫柔一面的軼事，例如年輕時曾舉辦祭典來振奮領民，自己還穿女裝跳舞；得知秀吉惹無法生育的妻子難過，不但找來秀吉，訓斥他說：「夫妻之間要和好！」還寫信鼓勵秀吉妻子等。

自行思考再行動還真難耶。
憑自我意志行動很重要。

20

武將 武田信玄的名言

人是城池，人是城牆，人是壕溝。仁慈是友，仇恨是敵。

【武田信玄】（1521年～1573年）戰國時代活躍在甲斐（現在的山梨縣）的守護大名、戰國大名。他率領高舉風林火山軍旗的無敵騎馬軍團，以「甲斐之虎」之名威震八方。

武田信玄作為治國的一國之主留下不少名言，當中最有名的就是這句。意思是「人才有如居城的城牆與壕溝般，是守護國家的樞紐。仁慈能維繫人心，憎恨則是亡國的大敵」，信玄也是深受德川家康尊敬的偉大人物。

小叮嚀

優秀的人才是「國家之寶」。

21

本草學者、儒學者

貝原益軒的名言

知而不行，形同不知。

【貝原益軒】（1630年～1714年）江戶時代初期的儒學者。《養生訓》是他84歲時的作品，內容是介紹度過健康人生的訣竅。

這句名言告訴我們：「發現做好事的機會時就要馬上行動，這很重要。」比方說看到有麻煩的人卻不出手相助，或是看到垃圾落地卻不撿起來丟垃圾桶，這跟什麼都沒做一樣。此外，貝原益軒也精通藥學，以《養生訓》等健康相關書籍的作者聞名。

小叮嚀

別錯過做好事的機會。

22

給敵人留退路後再進攻。

武將 豐臣秀吉的名言

秀吉很清楚織田信長是因為個性激烈，才會遭到背叛而喪命，因此他如同這句名言所說，將「別對敵人趕盡殺絕，以免遭人憎恨」銘記在心。

信長曾下令投降的敵方武將切腹，儘管秀吉勸諫：「若是下令投降者切腹的話，就不會有人投降了。」信長仍下令該武將切腹，秀吉便背著信長放走那名武將。據說有人聽到這件事後加入了秀吉的麾下。

【豐臣秀吉】（1537年～1598年）戰國時代，作為織田信長的家臣活躍一時，在信長死後統一全國。從替信長提草鞋的無名小卒一路攀升成為太閤，是平步青雲的代表性人物。

小叮嚀

給敵人方便，敵人也會成為強大的盟友。

更加了解這個人物

《太閣記》記載了農民出身的秀吉取得天下的故事。當中最有名就是下面這段軼事。

這是發生在秀吉還叫做藤吉郎，負責替信長準備鞋子（＝草鞋）時的事。信長在冬季外出時，隨行的秀吉便將草鞋放進懷裡溫著。正準備打道回府的信長穿上微溫的草鞋時，他責備秀吉：「你竟然坐在我的草鞋上！」秀吉說：「我怕大人腳冷，因此將草鞋弄暖。」驗身之後，果然發現秀吉衣服內留下塞入草鞋的痕跡。自此，信長便相當疼愛秀吉。這段軼事的確很有懂得掌握人心的秀吉特色。

別將敵人逼到走投無路這點很重要呢…
秀吉真是化敵為友的天才。

23

武將 **伊達政宗**的名言

即使早晚膳難吃，也應讚其美味並享用。

【伊達政宗】（1567年～1636年）出羽國、陸奧國（東北地方）的戰國大名。曾派遣家臣前往西班牙等海外國家，嘗試導入西洋新文化來打造富饒的領國。

伊達政宗說，即使端上桌的料理再難吃，也應該感謝為自己做菜的人，稱讚料理好吃並享用。不論是營養午餐還是便當，都充滿做菜人的心意。當你告訴對方料理好吃時，對方也一定會想：「下次要做出更好吃的料理。」

小叮嚀

感謝替自己烹煮三餐的人。

24

真言宗創辦人 空海的名言

凡事侷限於單一思考，就會迷失正確的生活方式。

【空海】（774年～835年）香川縣出身，平安時代的僧侶。又名弘法大師，是真言宗的創辦人。曾渡海前往中國學習真言密宗並引進日本。

這句名言的意思是「思考要有彈性，因應狀況而行動」比方說，眼前有人需要幫助，卻以「這是規定」為由而不伸出援手，這是不對的。此外，空海還留下許多人生教誨，例如「即使擁有優秀的才能，若得不到為大眾謀幸福的機會，就一點意義也沒有」。

小叮嚀

凡事要懂得臨機應變。

25

幕末志士 高杉晉作的名言

讓無趣的世間變得有趣。

【**高杉晉作**】（1839年～1867年）長州（山口縣）出身的志士，曾創設奇兵隊，相當活躍。在高杉的說服下，長州藩才下定決心推翻江戶幕府。

這句名言據說是幕末時倡導「改變日本」而活躍一時，最後病倒的高杉晉作的辭世詩（死前留下的和歌等）。關於這句辭世詩，有這樣的軼事：一位歌人聽到高杉晉作的這句和歌後，便補上下一句：「生活方式由心而定（＝世間會變得有趣與否，全由心決定）」。

小叮嚀

人生有趣與否視想法而定。

26

政治家 犬養毅的名言

有話好好講。

【犬養毅】（1855年～1932年）第29代內閣總理大臣。慶應義塾大學畢業，曾任現報知新聞記者，後來成為政治家。在武裝的青年軍官們所發動的五一五事件遭到殺害。

這句是犬養毅遭到年輕的海軍軍官襲擊時所說的名言。犬養毅非常擅長在人前說話，不論是誰他都有辦法說服對方。當他被手槍指著時曾說：「有話好好講。」但最後仍遭到槍殺。這起事件是以發生日期為名，稱作「五一五事件」。

小叮嚀

暴力不會有任何效益。

27

武將 **德川家康的名言**

人的一生有如負重遠行。

這句名言是家康留給子孫「教訓」的一部分，意思是「人的一生有如背著沉重行囊到遠方」。

家康幼時曾以人質身分在別人的居城生活，也曾屢次遭到家臣背叛，吃過不少苦頭。儘管他一直等到秀吉去世後才終於取得天下，卻過著樸實的生活，或許是因為他在成長經歷中嘗遍苦頭的緣故吧。

【德川家康】（1543年～1616年）江戶幕府初代征夷大將軍。他在織田信長、豐臣秀吉死後統治日本全國，替戰國時代劃下句點，奠定江戶幕府的基礎。

更加了解這個人物

本篇介紹的名言整段意思如下：「人的一生有如背著沉重行囊到遠方。不可操之過急。只要心想生活不如意是理所當然，就能滿足。如果產生欲望，就回想貧困時的點滴。只要忍耐就能繼續維持太平安穩的狀態。要記住，憤怒只會害了自己。只知勝利、不懂失敗並不是件好事。凡事先檢討自己，切勿責備他人。與其做過頭，倒不如做得不夠。」

另外，家康還有留下這句名言：「能夠取悅愈多人者愈繁榮。」江戶的市町充斥著歌舞伎、落語及浮世繪等平民喜愛的娛樂，因此江戶幕府才能維持兩百六十年以上。

小叮嚀

吃苦是人生最棒的老師。

原來對家康而言，吃苦就是他的老師啊。
家康也善用信長及秀吉的失敗經驗。

28

僧侶、詩人 一休宗純的名言

走這條路究竟會如何？不要擔憂，擔憂就不會有出路。不要猶豫向前走吧。跨出去就知道。

【一休宗純】（1394年～1481年）為知名機智故事主角的原型，室町時代的臨濟宗僧侶、詩人。

一休和尚素以機智故事聞名，是個厭惡權力及規矩的怪人。他不但蓄髮，還吃魚喝酒，觸犯各種禪僧禁忌，據說他甚至還特意穿得一身破爛出席重要儀式。一休和尚臨終前最後說的話是「我不想死」。的確是個極富人情味的人物。

小叮嚀

與其擔憂，不如「先做再說」。

29

俳諧師 **松尾芭蕉**的名言

松之事則習松，竹之事則習竹。

【**松尾芭蕉**】（1644年～1694年）江戶時代前期的俳人，也是舉世聞名的俳諧師。著有旅行東北地方時以俳句形式撰寫的《奧之細道》等作品。

這句是松尾芭蕉解說「寫俳句的訣竅」時所說的名言。意思是，人類再怎麼用盡想像力去理解大自然，「最了解大自然的還是大自然本身」，只要去傾聽「大自然」的聲音就好。這句話告訴我們，無論任何事，直接請教懂得的人才是最好的方法。

小叮嚀

能坦率請教他人很重要。

30

武士、政治家 **勝海舟**的名言

世上沒有什麼事比感覺遲鈍還強。

【勝海舟】（1823年～1899年）江戶時代末期到明治初期的武士（幕臣）。在戊辰戰爭中，曾以讓德川家續存為條件，與西鄉隆盛進行會談，致力於江戶城無血開城。

勝海舟是道地的江戶人，為人相當豪爽。這句名言的意思是說「不在乎小細節的人才厲害」。與其凡事在意小細節而綁手綁腳，不如概略思考隨意行動，事情才能及早進展。大多情況下最好先動手嘗試，錯了再修改。

小叮嚀

不要太過在意小細節。

31

歌人 與謝野晶子的名言

不管什麼事都行，人只要找到自己的一技之長，力求專精就好。

【與謝野晶子】（1878年～1942年）歌人、作家。以發行短歌集《亂髮》為開端，留下眾多作品。

俗話說「一技在身勝積千金」。不管哪個領域，只要成為該領域的第一名，就是一流的人。找到自己的擅長領域，就以成為一流的人為目標好好努力吧。不過幾乎所有人在小時候都不清楚自己適合哪個領域，所以才會在學校學習各種領域的知識。

小叮嚀

在熱衷的道路上，以成為「一流」為目標。

32

幕末志士 坂本龍馬的名言

任憑世人怎麼說我，我做的事只有我知道。

這句話是說，「任憑周遭人怎麼說自己也無所謂。自己想做的事只有自己最清楚」。

為了打造新國家，龍馬不惜脫離土佐藩（＝離開所屬的藩國）。當時，脫藩會成為流浪武士，周遭人都相當反對，不過對龍馬而言想要自由活動就得脫藩。這句名言讓人感受到龍馬為達成遠大的目標，毫不在意他人批判的堅強意志。

【坂本龍馬】（1836年～1867年）江戶末期土佐藩（高知縣）出身的志士。創立日本第一家公司「龜山社中」，以先進的構想及思想為明治維新而奮鬥。

小叮嚀

想要實現夢想，就別隨他人意見起舞。

更加了解這個人物

據說西鄉隆盛看到龍馬並沒有將他自己的名字列入江戶幕府瓦解後的新政府成員中，感到相當吃驚，便詢問原因，龍馬回答：「我想到海外成立世界的海援隊。」海援隊是龍馬創設的貿易公司名稱，所以他才會回答：「比起進入新政府，與國外的人做生意更有趣。」

龍馬還留下這句名言：「事情的八、九成由自己完成，剩下一、二成交給他人收尾就行了。」為了推翻江戶幕府，他樂於完成促成長州藩及薩摩藩這兩個死對頭攜手合作等艱鉅部分，對於成為新政府官員出人頭地的甜頭部分，他反倒興趣缺缺。

不管周遭人怎麼說，也要做到底⋯⋯是嗎？
改變日本這件事對他來說一定很有趣吧。

33

思想家、教育家 **吉田松陰**的名言

無論何種人，都具備一、兩種出色的能力。

【吉田松陰】（1830年～1859年）長州藩士、思想家、教育家。明治維新之際，作為指導者，帶給伊藤博文、高杉晉作等人極大的影響。

如同這句名言所說，這個世界上沒有一無可取的人。因此根本沒有必要感嘆自己一無可取而垂頭喪氣，也不要嫌棄他人毫無可取之處，換個角度重新尋找，很快就會發現對方的長處。

小叮嚀

你也擁有很棒的潛力。

34

小說家 武者小路實篤的名言

友好是最美好的事。

【武者小路實篤】（1885年～1976年）小說家。從雜誌《白樺》創刊以來就以白樺派小說家揚名。在宮崎縣建設了心目中的理想鄉「新村」。

這句是武者小路實篤常寫在簽名版上的名言。看見一群人感情和睦、齊力合作的情景，自己也會覺得愉快；看到一群人互相仇視的情景，就會感到不愉快。不僅如此，比起一個人孤軍奮戰，不如與夥伴同心協力，就能發揮出兩倍、甚至三倍的力量。

小叮嚀

「友好」是如此美好而尊貴。

35

米澤藩主 上杉鷹山的名言

為之而成，不為不成，凡事不成，係人不為矣。

【上杉鷹山】（1751年～1822年）江戶時代中期的米澤藩主（山形縣）。在藩內財政困難、遭逢飢荒時徹底推行儉約政策，終於擺脫困境，是相當有名的名君。

這句名言是說，「不論什麼事，只要想做就能夠辦到。辦不到是因為那個人不去做」。例如倒立或跳箱，剛開始會覺得「根本辦不到」，但只要鍥而不捨地練習就會成功。上杉鷹山重新整治貧困的米澤藩，至今仍受到公司經營者的尊崇，推舉為「最尊敬的人物」。

小叮嚀

只要堅信「做得到」就能「辦得到」。

36

小說家 **太宰治**的名言

被嘲笑、再被嘲笑，然後變強。

出自《人間失格》太宰治著

【太宰治】（1909年～1948年）來自青森縣的小說家。主要作品有《跑吧！美樂斯》、《津輕》、《斜陽》及《人間失格》等，是至今仍深受年輕人喜愛的小說家。

人的一生中會經歷許多失敗。每次失敗都會感到羞恥，有時還會遭人嘲笑。不過太宰治說：「人在經歷多次羞恥後就會變得更強大。」不如說，害怕丟臉、只知退縮雖不會遭人嘲笑，但也不會成長。

小叮嚀

丟臉這種事只要當作一種經驗就好。

37

軍人、政治家 **西鄉隆盛**的名言

為了兒孫好，勿買良田。

這句名言的意思是，「為了子孫著想，最好不要留下龐大的家產」。留下家產乍看是為了孩子好，不過要是留下過多的家產，孩子自然就不會有意願去工作或努力，反而會日益懶散，到頭來只會對孩子有害無益。自古以來，常會聽到有錢人家的小孩因過慣奢侈的生活而不願工作，將父母留下的財產揮霍殆盡，最後甚至淪落到借錢度日。

【西鄉隆盛】（1828年～1877年）薩摩藩（鹿兒島縣）的武士、軍人、政治家。明治維新的中心人物。與同鄉的大久保利通、長州藩（山口縣）的木戶孝允並稱維新三傑。

更加了解這個人物

提到西鄉先生，就會想到東京上野公園內相當出名的身穿浴衣、帶著一隻狗的西鄉隆盛銅像。據說西鄉先生的妻子頭一次看到這尊銅像時說：「我先生平時不會穿成這樣去散步。」的確，在西鄉先生的故鄉鹿兒島上的西鄉像身穿軍服，威風十足。

與西鄉先生同樣在幕末大為活躍的坂本龍馬，曾提到他見到西鄉先生時的第一印象：「以吊鐘為例，小力敲會發出小小的聲響，大力敲則會發出巨大的聲響。」龍馬將自己比喻成撞木（敲鐘用的木棒），又說：「遺憾的是，想用這根撞木敲這面吊鐘實在太小了。」西鄉先生的器量就是這麼寬闊，甚至讓龍馬感覺到自己的渺小。

小叮嚀

給得太多未必是為對方好。

原來過度幫助是多管閒事啊……
不能剝奪子孫憑自己力量達成目標後的喜悅。

38

茶道家 **千利休的名言**

一期一會。

【千利休】（1522年～1591年）戰國時代到安土桃山時代的茶人。曾仕於織田信長及豐臣秀吉。他完成了茶道原型「侘茶」的概念，是名聲盛極一時的茶人，茶道也流傳至今。

這是千利休談到「在茶道體悟到最重要的事」時所說的話，意思是「要將與客人的會面當作一生僅有一次的相會，用心招待」。即使是招待初次見面的客人，只要想到「今後或許再也不會碰見這個人」，自然就會珍惜與客人相會的瞬間。

小叮嚀

人與人的相遇是出自偶然的奇蹟，要好好珍惜。

39

軍人 **山本五十六的名言**

做給他看，說給他聽，讓他嘗試，若不給予讚美，人就不會主動。

【山本五十六】（1884年～1943年）新潟縣出身的軍人。第26、27代聯合艦隊司令長官。致力於推動海軍航空機的發展，最終軍階是元帥海軍大將。

山本五十六是位備受尊敬的軍人，凝聚了眾多人心。這句名言，是他談到促使他人行動的困難時所說的話，意思是：自己行動很簡單，不過要促使他人行動，必須做到先示範給他看，說給他聽，讓他嘗試，還得給予讚美等的程度才行。

小叮嚀

促使他人行動的訣竅，在於讓人產生幹勁。

40

思想家、文學家 **內村鑑三**的名言

一日一生。

【內村鑑三】（1861年～1930年）東京出身的宗教家。曾向札幌農學校的克拉克博士學習，後來改信奉基督教。致力於在日本宣揚基督教。

這句名言的意思是「每一天都是人生中的寶貴時間，一天也不能白白浪費」。每個人一天都有二十四小時。不過同樣都是二十四小時，時間的運用會因人不同而產生極大的差異。若有認真想做的事，只要從小將時間花費在追逐夢想上，甚至能當上太空人哦。

小叮嚀

一生的時間有限。

2 名言大師問答題

又到了出題考試的時間囉。你說古代日本名言的艱澀用語較多，看得好累？不過接下來的旅程還很長呢！

問答題 以下是三位偉人的名言。（？）中應該填入哪個詞？
（解答在下一頁）

柔道家、教育家　嘉納治五郎的名言

與其戰勝他人，不如戰勝（？）。

物理學家　寺田寅彥的名言

（？）往往在被人遺忘時到來。

細菌學家　野口英世的名言

比任何人努力三倍、四倍，甚至五倍努力學習的人，就是（？）。

名言大師問答題 2

解答

柔道家、教育家 嘉納治五郎的名言

與其戰勝他人，不如戰勝（自己）。

物理學家 寺田寅彥的名言

（天災）往往在被人遺忘時到來。

細菌學家 野口英世的名言

比任何人努力三倍、四倍，甚至五倍努力學習的人，就是（天才）。

古代日本名人的名言當中有些用詞有點艱澀，不過卻相當有意義。
下一趟就是世界之旅了。
各位，準備出發囉！

第3章

前往古代世界

憶起千萬不能忘的「無可取代之心」

接下來是「前往古代世界」之旅。可以見到華盛頓及林肯喔！
一想到要跟總統見面，我就有點緊張。
首先前往古代的美國。時光機啟動！
汪汪！

41

天才是百分之一的靈感，再加上百分之九十九的汗水。

發明家 愛迪生的名言

這句名言蘊含了「發明首先需要靈感」、「靈感來了就要一直努力到成功為止」這兩個想法。

愛迪生是個大發明家，一生發明了鎢絲燈及留聲機等多達1300多種發明。他秉持「一直嘗試到成功為止」的信念，據說在尋找適合作為燈泡燈絲的素材時就失敗了一萬次，並留下了這句話：「不是失敗一萬次，而是透過一萬次實驗發現這個方法行不通。」

【湯瑪斯・愛迪生】（1847年～1931年）
美國的發明家。發明了電氣用品及活動電影放映機等。另外他還創立了電力公司，也就是美國奇異公司的前身。

更加了解這個人物

愛迪生一天只小睡幾次，每次約30分鐘，每天花16個小時做實驗。開始實驗後他就會沉浸其中，據說有一次他的妻子在他思考時叫他，他卻說：「妳是哪位？」讓妻子氣得不行。

還有這麼一件軼事：有一次，愛迪生在做實驗時突然想煮水煮蛋來吃，竟錯將懷錶（攜帶用的時鐘）丟進鍋裡煮，他交互盯著桌上的雞蛋及鍋裡的懷錶看，計算煮蛋時間。他就是這麼熱衷做實驗。做實驗對愛迪生而言是種「樂趣」，一點也不「辛苦」。

愛迪生真的很喜歡發明耶。
正因為喜歡發明，他才會發明出這麼多東西。

小叮嚀

「熱衷」是「發明」之母。

42

革命家 **拿破崙**的名言

我的字典裡沒有「不可能」這三個字。

【拿破崙．波拿巴】（1769年～1821年）法國軍人、政治家。日後即位成為法蘭西第一帝國的皇帝。雖然將歐洲絕大部分領土收入掌中，卻在與俄國的戰爭中落敗，自此失勢。

這句名言聽起來像是自信過剩，彷彿在說「沒有我做不到的事」，其實這句話原本蘊含著「沒有法國人辦不到的事」、「考慮不可能這件事一點也不法國」之意，拿破崙並沒有說過「我沒有辦不到的事」這句話。不過，拿破崙是個充滿自信的人卻是不爭的事實。

小叮嚀

只要充滿自信地去做，就沒什麼好怕的。

43

哲學家 **笛卡兒的名言**

我思故我在。

【勒內・笛卡兒】（1596年～1650年）法國哲學家、數學家、自然科學家。他除了發現解析幾何學外，也被尊為近代哲學之祖，名留青史。

笛卡兒在思考「在這個世上，什麼是絕對可靠的？」的命題時，對各種事物產生質疑。後來才終於得出這個結論：「雖然所有的一切都不確定，不過對這一點產生懷疑的我，現在確實存在於這個世界。」這句名言就是上述結論簡化後的說法。

小叮嚀

唯一能確定的就是自己的存在。

44

劇作家 莎士比亞的名言

玫瑰就算換了名字，依然芬芳。

出自《羅密歐與朱麗葉》莎士比亞著

【威廉・莎士比亞】（1564年～1616年）英國劇作家。留下《哈姆雷特》、《威尼斯商人》、《奧賽羅》、《李爾王》等眾多知名戲劇，至今仍在世界各地上演。

這句名言是《羅密歐與朱麗葉》劇中的台詞。比方說，就算「咖哩飯」的名稱換成「甜甜圈」，吃起來還是會辣。莎士比亞或許是想藉由戲劇台詞，告訴大家不要被「名稱」及「頭銜」等「表面的稱呼」所蒙蔽，而忽略了本質。

小叮嚀

不要被名稱與頭銜所蒙蔽。

45

思想家、數學家 **帕斯卡**的名言

人是一根會思考的蘆葦。

出自《思想錄》帕斯卡著

【布萊茲・帕斯卡】（1623年～1662年）法國數學家、哲學家。他發現了帕斯卡定律，也就是施加在密閉容器內流體任一點的壓力，會按照原來大小由流體傳到容器各部分。

「蘆葦」是種被風一吹就會彎曲的弱小植物。據說這句名言的意思是「人類雖然弱小，卻擁有意志，具備自行思考、跌倒後會站起來的韌性」。這句話出自帕斯卡的《思想錄》，其實這本書是在帕斯卡死後將他的筆記等彙整而成的著作，所以無法確認這句話的真正涵義。

小叮嚀

「思考」是人類的強項。

46

詩人、劇作家 **歌德**的名言

沒有就著淚水吃過麵包的人，不懂得人生之味。

出自《威廉・麥斯特的學徒歲月》歌德著

【**約翰・沃夫岡・馮・歌德**】（1749年～1832年）德國詩人、作家。代表作有小說《少年維特的煩惱》、詩劇《浮士德》。

這句名言的意思相當深遠，不同的人會有不同的解讀（對意思的理解）方式。老師認為這句話的意思是「吃過苦的人由於經歷過辛苦，增加了人生歷練，比起沒吃過苦的人更能理解人生的喜悲」。不過，也有人會解讀成「人生實在太殘酷，吃下難吃到哭的麵包就能明白人生之味。」你又會做何解讀呢？

小叮嚀

感謝的淚水能讓人生更有深度。

更加了解這個人物

歌德是德國代表性詩人、小說家，留下了許多名言。其中最有名的就是他的臨終遺言：「再多些光吧！」意思是：「上帝啊，請您再多給些光芒，照亮我漆黑如夜的人生吧！」相當帥氣，以前也有不少名言錄收錄這句名言。然而據說，後來發現這句話只不過是待在病房的歌德說：「室內太暗了，能否幫我稍微拉開百葉窗，讓光照射進來？」

像這樣，名言當中也有不少被後人潤飾得很帥氣，或是過度解讀的句子。不過所謂的名言，也包含「那個人一定會這麼說」的解讀成分在內。

我的解讀是，工作後得到麵包的喜悅就是人生之味。
小言，你的解讀也很棒喔。

47

天文學家 **伽利略**的名言

儘管如此，地球仍在轉動。

【伽利略・伽利萊】（1564年～1642年）
義大利物理學家、天文學家。很早就採用望遠鏡觀測月球，發現月球表面凹凸不平等，被譽為天文學之父。

以前人們深信提倡「地球是宇宙的中心」的「天動說」。伽利略卻相信當時的學者哥白尼提倡的「地動說」，主張「地球與其他行星以太陽為中心旋轉」。這句名言就是伽利略在接受審判時所說的話。儘管被判有罪，伽利略還是不願改變自己的看法。

小叮嚀

確信正確的事就要有勇氣貫徹到底。

48

生化學家、細菌學家 **巴斯德**的名言

幸運只會降臨在做好準備的人身上。

【路易・巴斯德】（1822年～1895年）法國科學家、微生物學家。他開發了防止牛奶等食物腐敗的低溫殺菌法及預防接種措施等。

「幸運女神」會帶給任何人機會。不過要是沒有做好準備，即使機會來了也無法掌握。比方說運動競技，當替補選手有機會上場比賽時，只有平時勤於練習、增進實力的人才會有活躍表現；偷懶的人表現不出色，自然無法掌握機會。

小叮嚀

能否把握機會就看你平時的準備。

49

詩人 **拜倫**的名言

事實比小說還離奇。

【喬治・戈登・拜倫】（1788年～1824年）英國詩人。以描述主角遊歷葡萄牙、西班牙、希臘的放浪之旅遊記《恰爾德・哈羅爾德遊記》而聞名。

這世上真的有由難以置信的奇蹟及偶然構成的「虛假般的真實故事」。就連電影也是一樣，基於真實故事改編的作品反倒令人難以置信。正因為會發生「宛如虛假般的事」，人生才如此有趣。「現實」總是超乎「虛構世界」的想像。

小叮嚀

現實世界比小說世界還要有趣上百倍。

50

政治家 **華盛頓**的名言

無法勝任的事切莫答應別人。務必要遵守諾言。

【喬治・華盛頓】（1732年～1799年）美國第一任總統。首都華盛頓是以他為名。另外，華盛頓現在仍擁有美國最高軍銜「合眾國特級上將」。

輕易毀約的人不僅會失去他人的信賴，也會失去朋友。相反的，再小的約定也會遵守的人則會受到眾人信賴，廣受歡迎。華盛頓是美國第一任總統，至今仍深受美國人敬重。真想讓不守約定的政治家聽聽這句名言。

小叮嚀

毀約會損害自己的信用。

51

畫家、發明家 達文西的名言

最高尚的樂趣就是理解的喜悅。

【李奧納多・達文西】（1452年～1519年）義大利藝術家。留下《聖母領報》、《最後的晚餐》、《蒙娜麗莎》等眾多作品，至今仍有許多人為之著迷。

認識新事物會讓人愉快。尤其是弄懂原本不懂的事的時候，會讓人格外高興。所以達文西說，「了解的喜悅」才是「人類最棒的樂趣」。

達文西在繪畫、雕刻、科學、建築、數學、地球科學等各個領域都有卓越的成績，被譽為「萬能天才」。距今五百多年以前，達文西就已經留下有關直升機及坦克原理的筆記，叫人大為吃驚。

小叮嚀

「了解」就是「喜悅」。

更加了解這個人物

在達文西留下的眾多藝術作品當中，最有名的就是名畫《蒙娜麗莎的微笑》。據說這幅名畫描繪的是一名有錢的貴婦。該畫現在保存在法國羅浮宮。

不過這幅名畫曾一度遭竊。當時引起一陣騷動，甚至連曾批判《蒙娜麗莎》的詩人阿波利奈爾以及他的友人畫家畢卡索也被當作嫌犯遭到警方調查。結果盜畫的真兇是一名義大利籍愛國者，他認為「義大利人達文西所畫的名畫應該由義大利保存，而非法國」，遭竊兩年後，真兇在將《蒙娜麗莎》賣給義大利的一家美術館時遭到逮捕，《蒙娜麗莎》也奇蹟般地回到羅浮宮。

明白不懂的事的瞬間，真的會很高興。
認識新事物時也會很高興。

52

哲學家 培根的名言

如果沒有知心摯友，世界不過是一片荒漠。

【法蘭西斯．培根】（1561年～1626年）義大利哲學家、法學家。年僅12歲即就讀劍橋大學的天才。他的學問體系化構想由法國百科全書派所繼承。

你不認為人生最重要的就是朋友嗎？一個人若是沒有朋友，就會覺得孤單且生活無趣。而朋友當中最重要的就是「摯友」。若有一個稱得上是「摯友」的人，人生就會變得美好。想要結交摯友，首先你得用心珍惜對方。

小叮嚀

只要和摯友在一塊，沙漠也會變綠洲。

53

航海家 **哥倫布**的名言

想像很難，模仿卻很容易。

【克里斯多福．哥倫布】（1451年～1506年）來自義大利（？）的探險家。他作為冒險家航行世界海洋，抵達美洲大陸等地，達成當時的創舉。

有這麼則軼事：有人對哥倫布說「任誰都能發現新大陸」，哥倫布便遞給對方一顆水煮蛋，說：「你試著把這顆蛋立在桌上。」對方立不起來，哥倫布便拿起水煮蛋往桌上一敲，使蛋殼裂開，成功立起了水煮蛋。這告訴我們：「對第一個人而言，打破常識是個難題。」

小叮嚀

突破常識的框架，就會有新發現。

54

政治家 富蘭克林的名言

時間就是金錢。

【班傑明・富蘭克林】（1706年～1790年）美國政治家、氣象學家。10歲完成學校教育後，憑藉卓越的探究心累積學識，後來被譽為美國建國之父。

這句名言的英文是「Time is money」，意思是「時間與金錢一樣重要，千萬不能白費」。富蘭克林不僅是位科學家，也是個多才多藝的人，他曾在打雷的日子放風箏做實驗，證明了閃電就是電，還發明了避雷針。他的肖像被印在美國最高面值的紙鈔100美元上。

小叮嚀

時間的可貴勝過金錢。

55

音樂家 貝多芬的名言

通過苦難，走向歡樂。

【路德維希．范．貝多芬】（1770年～1827年）德國的世界級作曲家。貝多芬的代表作《第九號交響曲》成為每逢年末在全國各地演奏的經典曲目。

貝多芬是名音樂家，可是他的耳朵聽不見，相當痛苦。他在耳朵幾乎完全聽不見的狀態下完成《第九號交響曲》的作曲，這首交響曲初演時由他親自指揮。演奏結束後，他害怕得不敢回過頭看觀眾，直到夥伴催促他，他才知道觀眾掌聲如雷。貝多芬歷經辛苦所作的樂曲為他帶來了極大的歡樂。

小叮嚀

巨大苦難的另一端，就是巨大的歡樂。

56

哲學家 **盧梭的名言**

回歸自然。

【尚・雅克・盧梭】（1712年～1778年）法國哲學家。著作有教育論《愛彌兒》及《社會契約論》，對法國大革命造成極大影響。

這裡說的「自然」並不是指草木森林等的大自然，而是指沒有國家、法律等拘束人民的規定的自由狀態。盧梭的這句名言，就是在告訴人們：「人是否被自己所制定的規矩所侷限了？不妨讓一切歸零，好好思考這麼做真的有益嗎？」

小叮嚀

先歸零再思考。

57

詩人 **雪萊**的名言

冬天到了，春天還會遠嗎？

【珀西．比希．雪萊】（1792年～1822年）義大利詩人。曾因在校內販售小冊子《無神論的必然》，遭學校開除。其後開始參與倡導打破陳規陋習的活動。

這句名言出自雪萊的詩句當中的一節，意思是「如果冬天已經來臨，春天也不遠了」。人生就是「好時期」與「壞時期」不斷重複的過程。就如同冬天之後春天一定會來一樣，「壞事」之後必定會有「好事」發生。因此這句名言常用來告訴大家，現在雖然遭遇不幸，但只要耐心等待，運氣一定會好轉。

小叮嚀

寒冷的冬天之後，溫暖的春天必將到來。

58

美國第16任總統 林肯的名言

民有、民治、民享的政治。

這句是1863年，林肯在美國南北戰爭戰況激烈的蓋茨堡所說的名言。南北戰爭是為了是否該給予過去被當成奴隸的黑人自由而發起的戰爭，最後北軍獲勝，黑人獲得解放。

這句名言，是林肯在蓋茨堡的戰死者墓地落成慶祝會上起身致詞時所說的，宣揚「政治不該被一部分人獨占，而是要由廣大人民一同進行」。

【亞伯拉罕・林肯】（1809年～1865年）美國第16任總統。南北戰爭勝利後，他在壯志未酬下遭到暗殺。是至今仍在國內外大受歡迎的總統。

小叮嚀

不要霸占權力，要懂得傾聽他人意見。

更加了解這個人物

林肯是個懂得傾聽他人意見的人，他曾留下這句名言：「見面直接交談是消除負面感情的最好方法。」下列軼事印證了這點。

這是發生在林肯還沒當選總統，仍在進行競選活動時的事。一位住在紐約的11歲少女貝黛爾寄給他一封信，信中寫道：「建議林肯先生下巴蓄鬍子，這樣看起來比較有威嚴，大家一定會把票投給您。」在這之前林肯從未留過鬍子，後來他照小女孩的話開始蓄鬍子，果然順利當選總統。直到現在，林肯在美國歷任總統的人氣投票中依然是第一名。

林肯至今仍然受到眾人的敬重。
不論是作為政治家還是為人都相當出色。

59

教育家 **克拉克博士**的名言

少年們，要胸懷大志。

【威廉・史密斯・克拉克】（1826年～1886年）美國教育家。曾在北海道大學的前身札幌農學校教書。植物學、自然科學等科目全程用英語授課。

這句名言是克拉克博士在回美國時送給札幌農學校學生的話。「大志」指的是「廣大的人生目標」。這句話的後續是：「不過千萬不可為了獲取金錢、滿足私欲或是得到名聲而胸懷大志。作為一個頂天立地的人，應該為了幫助他人而胸懷大志。」

小叮嚀

真正的「大志」是對世人有益的事。

60

作家 李頓的名言

筆鋒比劍利。

出自李頓的戲劇《黎胥留》

【**愛德華・布爾沃・李頓**】（1803年～1873年）英國小說家、政治家。代表作《龐貝的最後一日》。他是九一八事變調查團長李頓的祖父。

這句名言的意思是「文章有時能夠推動社會，發揮比武力及暴力還強大的力量」。比方說，有學校在校刊刊登「霸凌是不對的」的文章，讀了這篇文章後學生便停止霸凌，校內也不再出現霸凌事件。這種情況，正可說是筆鋒勝於暴力的最佳例子。

小叮嚀

文章能凝聚眾人的心。

61

盡人事，聽天命。

儒學者**胡寅**的名言

【胡寅】（1098年～1156年）中國宋朝官僚、儒學家。他留下這樣的軼事：他被身兼養父的堂叔關在藏有上千本書的藏書閣中，花了數年將所有藏書全都讀完。

這句名言的意思是「竭盡我們所能去做，接下來結果就交給上天決定」。這句話常用在體育賽事及考試等時候。既然結果只能聽天由命，在這之前就必須「做好所有自己能做的事」。

小叮嚀

竭盡自己所能去做，接下來就交給上天決定。

62

物理學家、哲學家 **牛頓**的名言

我能看的比別人遠，是因為我站在巨人的肩膀上。

【艾薩克・牛頓】（1642年～1727年）英國物理學家、數學家。奠定了基於運動法則構成的力學體系「牛頓力學」。

這句名言是出自牛頓寫給朋友的信。當然牛頓不是真的站在巨人的肩膀上，這句話的意思是「我之所以能找到大發現，得歸功於過去的研究者研究成果的累積」。牛頓因看見蘋果從樹上掉下來而發現萬有引力的故事相當有名，但究竟是真是假則不得而知。

小叮嚀

應充分利用過去累積的經驗。

63

護士 南丁格爾的名言

所謂天使，
並不是撒下美麗花朵的人
而是為了苦惱的人挺身奮戰的人。

【佛蘿倫絲．南丁格爾】（1820年～1910年）英國護士、護理教育家。她出身富裕家庭，擁有高度教養，致力於護士與醫院的改革。

南丁格爾在克里米亞戰爭中不分敵我照護傷兵，被稱為「克里米亞的天使」。直到現在，護士學校在準護士即將到醫院實習時，會舉行替學生戴上護士帽的戴帽式，這時準護士們手上會拿著稱作「南丁格爾之火」的蠟燭，以讚揚其功績。

小叮嚀

天使是指拚命幫助他人的人。

64

劇作家 契訶夫的名言

愚者好為人師，智者好於求教。

【安東·契訶夫】（1860年～1904年）俄國的代表性世界級劇作家、小說家。為了維持家計，他從就讀大學醫學院期間開始寫作，寫出眾多名作。

自己有知道的事，往往會得意的想告訴他人。不過真正聰明的人比起告訴他人，更常傾聽他人意見，了解新知識。當有人問你：「你知道〇〇嗎？」的時候，即便知道，也最好驚訝地回答：「有這種事啊！」這麼一來，對方就會高興地告訴你所不知道的事。

小叮嚀

聰明的人不會因為得意忘形而多話。

65

作家 賽凡提斯的名言

羅馬不是一天造成的。

出自《唐吉訶德》賽凡提斯著

【米格爾・德・賽凡提斯】（1547年～1616年）西班牙作家。據說代表作《唐吉訶德》是在他因工作失敗而入獄時所構思的。

這句名言是出自賽凡提斯的知名小說《唐吉訶德》中的台詞。羅馬是很久以前曾繁盛一時的大都市，被形容為「條條大路通羅馬」，不過羅馬在繁榮以前曾歷經長達500年之久的苦難歷史。這句名言的意思是「想成就一番大事業，得花費長年的努力」。

小叮嚀

偉大成功的背後是經年累月的累積。

3 名言大師問答題

下面是蒐集名言之旅世界篇的小測驗。做完測驗後即將進入近代篇，旅行也將達到高潮！

問答題 以下是三位偉人的名言。（？）中應該填入哪個詞？
（解答在下一頁）

比利時作家　梅特林克的名言

這世上明明有比大家想像中還要多的（？），可惜大多數人都找不到。

德國政治家　俾斯麥的名言

愚者從經驗中學習，
智者從（？）中學習。

德國詩人　席勒的名言

（？）能讓喜悅加倍，
使憂傷折半。

名言大師問答題 ③

解答

比利時作家　梅特林克的名言

這世上明明有比大家想像中還要多的（幸福），可惜大多數人都找不到。

德國政治家　俾斯麥的名言

愚者從經驗中學習，
智者從（歷史）中學習。

德國詩人　席勒的名言

（朋友）能讓喜悅加倍，
使憂傷折半。

截至目前為止的旅程當中，我們學到了「努力」與「朋友」的重要性等等許多事情。在最後的近代之旅又將學到哪些東西呢？真令人期待！

第4章

前往近代世界

獲得開創明天的「未來夢想」

根據「名言清單100」，現在要找的是活躍在1950年左右到現代的人們。當中也包括現在仍持續活躍的人物，能見到他們真的很高興！
也能見到鈴木一朗呢！
好了，這是最後一次旅行，時光機啟動！

66

藝術家 畢卡索的名言

如果沒有藍色，那就用紅色吧。

你有看過畢卡索的畫嗎？畢卡索年輕時畫的是普通的畫，漸漸地畫風轉變，不再「畫其所見」，改畫用心去感受所見景象、自由揮灑的「抽象畫」。

從這句名言可以感受到畢卡索天馬行空的構想，比方說在畫夕陽時，「沒有帶紅色顏料，那就用手邊的藍色顏料吧」。

【巴勃羅・畢卡索】（1881年～1973年）
西班牙的世界級畫家、雕刻家。留下為數眾多的油畫、版畫、插畫、雕刻及陶器作品，是金氏世界紀錄上最多產的美術家。

小叮嚀

要自由且有彈性地思考。

更加了解這個人物

畢卡索的本名是「巴勃羅．迭戈．何塞．弗朗西斯科．德保拉．胡安．尼波穆塞諾．瑪麗亞．德洛斯雷梅迪奧斯．西普里亞諾．德拉聖蒂西馬．特立尼達．馬忒．帕特里西奧．克利托魯伊斯．畢卡索」。這是因為西班牙人的命名舊俗會在本名加上親戚的名字，據說連畢卡索本人也記不得自己的本名。

關於畢卡索有這麼段軼事：有一次，有個人在街上偶遇畢卡索，對他說：「我會付你錢，拜託你幫我畫張畫。」畢卡索兩三下就畫好，並為這張畫標上天價。那個人說：「這張兩三下就畫好的畫未免也太貴了吧。」畢卡索則說：「要到達兩三下就能畫好的境界，必須經過長年的努力。」

畢卡索的構想真的很天馬行空耶。
據說他是世界上留下最多藝術作品的人喔。

67

哲學家、教育家 **阿蘭的名言**

人並不是因為幸福而露出笑容，而是笑容讓人幸福。

出自《幸福論》阿蘭著

【阿蘭】（1868年～1951年）本名是埃米爾・奧古斯特・沙爾捷。法國哲學家。提倡幸福是自己創造的，並受到世界大眾的支持。

心情消沉時，看電視的搞笑節目開懷大笑，整個人就變得有精神了。失敗的時候，與其消沉，不如帶著笑容想：「這次真的很失敗，下次要好好努力。」這樣一來，心情也會變得晴朗。阿蘭說想變幸福最簡單的方法，首先就是露出笑容。

小叮嚀

「笑容」是帶來「活力」的特效藥。

68

物理學家 愛因斯坦的名言

想像力比知識更重要。因為知識是有限的，想像力卻能包含整個世界。

出自《愛因斯坦語錄150句》
傑理・邁耶／約翰・P・福爾摩斯編著

【阿爾伯特・愛因斯坦】（1879年～1955年）猶太裔美籍理論物理學家。是完成一般相對論的世界知名天才物理學家。1921年榮獲諾貝爾物理學獎。

這句名言的意思是「想像力擁有無限的可能，沒有界限」。愛因斯坦很喜歡開玩笑，有名的愛因斯坦吐舌照就是攝影師捕捉到他吐舌頭瞬間所拍下的。愛因斯坦非常喜歡這張照片，而且到處使用，成了他最具代表性的大頭照。

小叮嚀

「想像力」為「大發現」之母。

69

修女 德蕾莎的名言

重要的不是你做了多少，而是你灌注多少心血。

德蕾莎修女原是學校的地理老師，某天，她突然聽到上帝對她說：「捨棄一切，去為窮人服務吧。」於是她就捨棄一切遠渡印度。她替生病了也無法到醫院就醫的窮人興建治療設施，如同這句名言所說，即使對病入膏肓的患者也用心照顧。

【德蕾莎修女】（1910年～1997年）天主教修女。德蕾莎修女帶頭的救濟窮人活動由後輩修女推廣到全世界。1979年榮獲諾貝爾和平獎。

小叮嚀

試著用心為他人付出。

更加了解這個人物

德蕾莎修女於1979年榮獲諾貝爾和平獎。她在頒獎典禮上的演講感動了所有人，她說：「我個人並不值得這個獎。我只是代表世界上最窮困的人來領取這個獎。」

此外德蕾莎修女也表示：「不必舉辦慶祝晚宴，請將這筆錢花在幫助窮人上。」結果這筆諾貝爾獎金便按照她的希望，全額用來救助印度的窮人。關於諾貝爾獎金，德蕾莎修女還留下這句名言：「這筆錢能買多少個麵包？」她最終在印度死去，由印度政府舉辦國葬。

德蕾莎修女為了窮人奉獻了她的一生耶。
我想她這一生一定很幸福。

70

企業家 福特的名言

別光找碴，要找到解決之道。不滿的話誰都會說。

【亨利・福特】（1863年～1947年）美國的企業家。美國汽車製造商福特汽車的創辦人。曾任職於愛迪生的公司，與愛迪生交情也很深厚。

福特使用輸送帶作業來組裝汽車，實現了汽車量產化。多虧福特，過去價格昂貴的汽車才得以降價，使一般美國民眾也能買得起自用車。這句名言讓人感覺到福特對「改善」的想法。

小叮嚀

光是抱怨無法改變什麼。

71

作家、飛行員 聖修伯里的名言

光用眼睛，看不見真正重要的東西。

出自《小王子》聖修伯里著

【安托萬．迪．聖修伯里】（1900 年～1944 年）法國作家、飛行員。根據自身在軍隊及民間擔任飛機飛行員的經驗，發表了《夜間飛行》、《南方郵航》等作品。

這句名言是出自聖修伯里所寫的小說《小王子》。「友情」、「同理心」、「勇氣」等都是人活著不可或缺的「重要東西」，而這些大多是肉眼看不見的東西。這些肉眼看不見的重要東西，必須得用「心眼」來看才行。

小叮嚀

「眼睛看不見的東西」也要好好珍惜。

72

動畫師、電影導演 **華特・迪士尼**的名言

只要擁有持續追夢的勇氣，一定能實現所有的夢想。

華特・迪士尼帶年幼的女兒去遊樂園玩時，覺得實在太無趣，他心想：「為什麼沒有大人也能一起同樂的遊樂園呢？」成為他打造「迪士尼樂園」的契機。

他所想像的「迪士尼樂園」點子相當異想天開，於是他雇了設計師，不斷將自己的夢想畫成示意圖。然後用示意圖向眾人說明，終於打造出任誰都能回歸童心、盡情暢遊的夢想王國。

【華特・迪士尼】（1901年～1966年）美國電影製片人、導演。美國、法國、香港及日本都設有迪士尼樂園。

小叮嚀

鼓起勇氣追逐夢想吧。

更加了解這個人物

華特．迪士尼年輕時一個人在房間裡畫漫畫時，總會出現一隻鼓舞他的老鼠，這成了米老鼠的創作提示。迪士尼原先打算替米老鼠取名為「莫蒂默」，不過她的妻子卻說：「叫米奇比較順口。」因此米老鼠就被取名為米奇。迪士尼樂園內有一座華特．迪士尼與米老鼠牽手的銅像，標題叫做「夥伴」。

當米老鼠成為家喻戶曉的明星，迪士尼樂園落成時，華特．迪士尼曾說：「迪士尼樂園永遠不會完工。只要這個世界還有想像力，就會持續成長。」如同華特所說，他的「夢想王國」在他死後仍持續不斷地進化。

只要相信夢想向前邁進，就能化夢想為現實。
尤其是娛樂他人的夢想，真的很了不起。

73

小說家 瑪格麗特・米契爾的名言

明天又是新的一天。

出自《飄》瑪格麗特・米契爾著

【瑪格麗特・米契爾】（1900年～1949年）美國小說家。她的著作《飄》由好萊塢改拍成電影，風靡全世界。

這句名言是出自米契爾的小說《飄》當中，失去一切的女主角快要陷入絕望時所說的話。這句話的原文是「Tomorrow is another day」，可說是強而有力的「生存宣言」，意思是「即使身陷絕望，明天又會是嶄新的一天。只要希望還在，總會有辦法的」。

小叮嚀

把希望寄託在「明天」。

74

劇作家 蕭伯納的名言

騙子所受到的懲罰，不是失去他人的信賴，而是他無法相信他人。

【蕭伯納】（1856年～1950年）英國劇作家。奠定了英國近代演劇。1925年榮獲諾貝爾文學獎。

如同這句名言般，蕭伯納擅長以諷刺的措辭來刻劃事情的真相。蕭伯納曾留下這則軼事：有位美女向蕭伯納求婚，說：「如果能生下繼承我的美貌及你的頭腦的孩子，這不是很棒嗎？」沒想到蕭伯納卻說：「萬一生下繼承我的外貌及你的頭腦的孩子，豈不是很糟嗎？」

小叮嚀

在騙子眼中，每個人都像騙子。

75

演員、電影導演 卓別林的名言

最好的作品 永遠是下一部作品。

卓別林一人包辦電影的製作、導演、主演、劇本以及音樂等，製作出許多電影名作。有一次卓別林接受訪問時被問道：「您自身截至目前為止的作品當中，哪一部是最高傑作呢？」他所回答的就是這句名言。

卓別林沒有提到過去的作品，而是回答「下一部作品」，這時他的視線早已朝著「下一部作品」看，展現出積極進取的態度。

【查理・卓別林】（1889年～1977年）英國喜劇演員、電影導演、劇作家。頭戴圓頂硬禮帽，留著一撇小鬍子，身穿緊身上衣搭配寬鬆長褲外加手拿拐杖，成了他的招牌造型。

小叮嚀

「下一次」要更加努力！

更加了解這個人物

在卓別林以前的喜劇電影全都是你追我跑之類的鬧劇。卓別林則將劇情融入喜劇中，製作出讓人「笑中帶淚的電影」，結果大受歡迎。當美國在越南作戰時，卓別林將「殺死一個人是罪犯，殺死百萬人就成了英雄」這句台詞加入電影當中，批判戰爭。這個舉動激怒了政府，1952年，卓別林被放逐國外。在那之後過了20年，美國決定頒發給居住在瑞士的卓別林奧斯卡特別獎，寄出招待券。回到美國的卓別林被視為「世界喜劇之王」，受到民眾熱烈歡迎。

76

登山家 馬洛里的名言

因為山就在那裡。

【喬治・馬洛里】（1886年～1924年）英國登山家。第3次目標攻頂聖母峰時，在山頂附近失蹤。1999年他的遺體才被發現，是否攻頂成功仍然不明。

這句名言據說是新聞記者問馬洛里：「為什麼你要爬聖母峰？」時他所回答的話。雖然這句話聽起來有些粗魯不親切，不過我想馬洛里一定也不知該如何回答才好。這句話刊登在報紙上，成為舉世聞名的名言。

小叮嚀

「喜歡」沒有任何理由。

77

作家 拿破崙・希爾的名言

思考致富。

出自《思考致富》拿破崙・希爾著

【拿破崙・希爾】（1883年～1970年）美國作家。他研究眾多成功人士，奠定實績，因此受到2名美國總統的信賴。

拿破崙・希爾接受一位富翁的委託，請他去「訪問並蒐集世界成功人士的祕訣」，20年來他訪問了超過500名以上的成功人士，將採訪到的「成功祕訣」彙整成冊。這句名言就是該書的書名，意思是「動腦思考就能致富」。不論任何夢想，首先第一步就是在腦中描繪夢想。

小叮嚀

動腦能豐富生活。

78

宗教家、政治領導人 **甘地**的名言

要像你明天就會死去般活著，如同你會永遠活著般學習。

這句名言的意思是，假使你得知明天即將死亡，那麼剩餘的時間分秒都不要浪費；相反的，假使你會永遠活著，就應該抱著「今後也要成為對社會有幫助的人」的心態，學習各種知識。

甘地是領導被英國統治的印度走向獨立的人物。這句話可說是完成人生重大工作「印度獨立」的甘地留給我們的「人生指針」。

【聖雄甘地】（1869年～1948年）印度政治家。他抗議英國的食鹽公賣制，為了製鹽步行約380公里到海岸，稱為「食鹽進軍」，成為印度獨立的踏板。

小叮嚀

不要浪費人生「所擁有的時間」。

更加了解這個人物

甘地成功領導印度獨立的方法，就是貫徹「不行使也不服從暴力」。甘地因呼籲印度民眾拒買英國製品而遭到逮捕，他不行使暴力，而是用絕食等方式表達抗議。他堅決的態度打動了眾多人心。

甘地在78歲時被暗殺而亡，當他遭到槍擊的瞬間，用手貼著額頭說著：「啊，神啊。」這個動作的意思是「我寬恕你」，表示甘地在死前祈求神寬恕槍殺自己的兇手，說：「請寬恕他。」

一想到明天就要死了，就不能浪費時間。
這下才知道自己平常有多不珍惜時間。

79

經營者 **杜拉克**的名言

在你的「優勢」上累積成功。

【彼得・杜拉克】（1909年～2005年）猶太裔奧地利籍經營學家。被譽為「管理之父」，深受企業經營者及廣大民眾的信賴。

這句名言的意思是「想要獲得成功，就要發展自己的擅長領域」，也就是「與其在不擅長領域達到普通的程度，不如鑽研自己的擅長領域」。杜拉克主要研究公司經營，這句話不僅是針對「經營者」的提案，也是能套用在「個人」身上的名言。

小叮嚀

與其在不擅長領域拿到80分，不如在擅長領域拿到1萬分！

80

教育家、社會福利事業家 海倫・凱勒的名言

起頭困難的事，持之以恆後就會變得簡單。

【海倫・凱勒】（1880年～1968年）美國教育家、社會福利活動家、作家。她旅行世界各地，鼓勵身體障礙者及身體不便者，帶給他們希望。

海倫・凱勒在懂事以前就因發高燒，變得看不見、聽不到、不能說話，非常痛苦。不過在家庭教師蘇利文的指導下，她了解萬物都有名字，開始對讀書萌生興趣，不僅上了大學，甚至還寫了書。這句話是費盡千辛萬苦才學會說話的海倫・凱勒所說的，說服力果然不同凡響。

小叮嚀

堅持就是力量。

81

企業家 賈伯斯的名言

把每一天當成生命的最後一天去生活。

【史蒂夫・賈伯斯】（1955年～2011年）
美國企業家。他是第一間生產、販售個人電腦並且大獲成功的蘋果公司共同創辦人之一。

這句名言是出自2005年賈伯斯在美國史丹佛大學演講的內容。有這樣一則軼事：賈伯斯問一名員工有關某個工作的事，那名員工說：「明天就會立刻著手。」賈伯斯卻說：「等到明天？開什麼玩笑，現在就去做。」如果站在「把今天當成生命的最後一天生活」的賈伯斯立場上來看，這的確是理所當然的事。

更加了解這個人物

賈伯斯立下了聞名全球的豐功偉業，不過他也是出了名的愛亂使喚人且任意妄為。不但要員工不眠不休地工作、開會時與自己意見不合的人立刻開除，甚至還有一次聽到員工介紹某個點子時，說：「這個點子根本不行。」隔天卻又改口說：「這個點子不錯。」彷彿點子是自己想出來似的……

由於賈伯斯做出上述荒唐的行動，最後被自己所創辦的蘋果公司開除。不過之後蘋果公司業績不振，還是將賈伯斯找了回來。重返蘋果公司後的賈伯斯依然蠻橫，卻讓公司一下子就恢復業績。

賈伯斯全力衝刺地過完他的一生。
我想周遭的人一定覺得很累吧。

小叮嚀

別將事情留到明天，造成後悔。

82

太空人加加林的名言

地球是藍色的。

加加林是第一個從外太空看地球的人類，這句名言就是他當時的感想。從外太空看見的地球湛藍美麗，看不到人類擅自決定的「國境」。加加林到世界各地演講分享他進入太空的體驗，雖然他夢想著再度飛上宇宙，卻死於訓練中發生的意外，英年早逝。

小叮嚀

湛藍美麗的地球是全人類共有的寶物。

【尤里・加加林】（1934年～1968年）蘇聯（現俄羅斯）太空人。他是全世界第一個搭乘載人火箭飛向宇宙，成功飛行108分鐘並順利返回地球的太空人。

83

牧師 **金恩博士**的名言

我有一個夢。

【馬丁・路德・金恩】（1929年～1968年）美國黑人運動領袖。他主張非暴力主義，率領非裔美國人爭取公民權運動。1964年榮獲諾貝爾和平獎。

這句名言是出自金恩博士知名演講當中的一節。英文原文是「I have a dream」。儘管過去林肯曾簽署解放奴隸宣言，黑人在美國依然遭到歧視，因此金恩博士才會提出這樣的訴求：「我有一個夢。夢想有一天這個國家會奮起，讓所有的人都能平等。」

小叮嚀

熱心講述夢想會逐漸感染聽眾。

84

漫畫家 **手塚治虫**的名言

去看一流的電影，聽一流的音樂，看一流的戲劇，讀一流的書。

【手塚治虫】（1928年～1989年）大阪府出身的漫畫家。故事劇情漫畫第一人。他是日本漫畫的開拓者，也是帶領日本動畫達到世界巔峰的天才作家。

「漫畫之神」手塚治虫留給世人了為數龐大的著作。這句名言是他對目標成為漫畫家的年輕人說的話，告訴他們「要想出漫畫的點子，最好多接觸一流的事物，提升自己的感受力」。

此外，手塚治虫還留下「沒有輸入就無法輸出」、「光是點子就多到足以廉價出售」等名言。大家有沒有多看多聽「一流的事物」呢？多接觸一流的事物，自然就能夠提升自己。

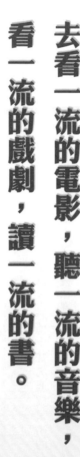

更加了解這個人物

手塚治虫創作了超過十部以上的連載漫畫。他的工作室總是有許多漫畫雜誌編輯在等他畫完原稿。手塚治虫只要一不滿意就會重畫原稿，因此總是超過交稿期限，印刷廠的印刷機也常跟著停擺，等待原稿送達。

手塚治虫忙到無法安眠，不論是在計程車內、新幹線的座位，還是在飛往國外的飛機上，他總是在畫漫畫。儘管生活如此忙碌，他還是一有時間就去看電影，獲取新點子。他還留下這句名言：「以前，我規定自己一年要看365部電影。」

小叮嚀

「一流的事物」能夠提升自己。

一流的物品充滿著能量。
從古典樂及美術作品中能夠感受到力量。

85

醫學家 山中伸彌的名言

諾貝爾獎對我而言已經是過去式。

【山中伸彌】（1962年～）諾貝爾生理醫學獎得主。他開發出從人類皮膚製作具備分化人體各種細胞能力的iPS細胞技術，榮獲諾貝爾獎。

山中伸彌以iPS細胞相關研究榮獲諾貝爾生理醫學獎，他在頒獎典禮後說：「頒獎典禮已經結束，諾貝爾獎對我而言已經是過去式了。今後的研究相當重要，我會更加努力。」展現出忘掉過去，展望未來的態度。這種積極向前的思考方式，就是他的成功祕訣。

小叮嚀

過去的榮耀已成了「往事」。

86

政治家 **邱吉爾**的名言

失去金錢損失甚小，失去榮譽還能承受。然而一旦失去勇氣，一切就結束了。

【溫斯頓・邱吉爾】（1874年～1965年）英國政治家。曾任英國第一海軍大臣及首相。他也是一位相當活躍的非虛構文學作家，1953年榮獲諾貝爾文學獎。

有錢比沒錢好，稍微有點金錢就能過得幸福。至於自尊，只要對自己有信心，就不會在乎他人的閒言閒語。不過人要是喪失了勇氣，就沒辦法進行挑戰。為了度過美好人生，千萬不能陷入守勢。

小叮嚀

勇氣是開拓人生的泉源。

87

政治家

納爾遜·曼德拉的名言

人生至高的光榮並非絕對不會跌倒，而是跌倒後再爬起來。

【**納爾遜·曼德拉**】（1918年～2013年）
南非第8任總統。坐牢期間，他為了取得法學學士學位而報讀大學的遠距教學課程。不管遭遇怎樣的困難，他都絕不氣餒。

曼德拉在南非發起反對「白人歧視非白人種族」運動，結果以「違抗國家」的罪名遭到逮捕，坐牢27年。不過後來他的看法受到認同，出獄後成為南非第一個「由國民票選出的總統」。這句名言讓人感受到他絕不受挫的信念。

小叮嚀

跌倒了七次，第八次爬起來就好。

88

小說家 蒙哥馬利的名言

除了努力嘗試而後成功，最棒的事莫過於努力嘗試而後失敗。

出自《清秀佳人》露西．莫德．蒙哥馬利著

【露西．莫德．蒙哥馬利】（1874年～1942年）加拿大小說家。代表作是《清秀佳人》。其後陸續發表續作《清秀佳人系列》小說。

這句名言是出自露西．莫德．蒙哥馬利的小說《清秀佳人》。努力嘗試而後成功的確令人高興，不過有贏家當然也有輸家，勝敗由時運而定。假使輸了，只要盡了自己的全力，就能接受結果，心情豁然開朗。相信世上有比「結果」更重要的事。

小叮嚀

努力嘗試而後失敗的人笑容最美。

89

職棒選手 **鈴木一朗**的名言

達到驚人境界只有一種方法，就是平凡小事的日積月累。

鈴木一朗小學時曾在作文中寫道：「我的夢想是成為一名一流的職棒選手。」後來他的確實現了夢想。

據說小時候的鈴木一朗每天都減少與朋友遊玩的時間，到打擊中心練習揮棒。他能夠成為第一個在美國職棒活躍的日本籍打者，得歸功於每天不間斷的練習，培養自身的實力與自信。這句名言，只有深知平時努力之重要性的鈴木一朗才說得出來。

【鈴木一朗】（1973年～）曾在美國職棒大聯盟活躍一時，愛知縣出身的前職棒選手。攻守方面均具備罕見素質，在日美職棒球隊創下諸多的新紀錄。

更加了解這個人物

鈴木一朗最廣為周知的軼事，就是「每天早上吃妻子煮的咖哩」。但實際上，每天吃咖哩是在他剛到美國不久時的事。現在似乎也有吃烏龍麵等其他料理。

他之所以每天早上吃咖哩，除了從小就喜歡吃咖哩外，還有其他因素。那就是「每天早上吃同樣的食物，就不用擔心吃奇怪的食物導致身體狀況失調，也能容易察覺諸如『今天似乎沒什麼胃口』等身體狀況的變化」。由此可知，鈴木一朗把生活的一切投入在比賽上。

小叮嚀

一步一腳印地走下去，總有一天會抵達目標。

不論目標有多大，都要一步步的向前邁進。
一步一腳印也能走得長遠。

90

前職棒選手 松井秀喜的名言

意外總是突然降臨，卻總能讓我成長。

【松井秀喜】（1974年～）石川縣出身的前職棒選手。曾在日本巨人隊、美國職棒知名球隊洋基隊等隊伍擔任長距離打者，活躍一時。由於爆發力強，他在美日棒球迷間被暱稱為「酷斯拉」。

曾在美國職棒球隊洋基隊打球的松井選手，有一次為了接球而扭傷手腕，受了重傷。傷勢嚴重到無法握球棒，不過他卻持續做復健，終於順利回到球場上。人只要跨越意外，就會變得堅強。

小叮嚀

意外會附贈名為「成長」的「贈品」。

91 說「時候還早」的人，就算過了100年仍然會說「時候還早」。

J聯盟首任主席 川淵三郎的名言

這句名言是川淵三郎想在日本創立職業足球聯盟時，對膽怯猶豫的人所說的話。實際上，他用了稍微困難的表現說這句話：「說時候還早的人，就算過了100年仍然會說時候還早。說沒有前例的人，就算過了200年仍然會說沒有前例。」正因為他當時鼓起勇氣推動，J聯盟才會在日本誕生。

【川淵三郎】（1936年～）J聯盟首任主席。曾作為足球選手活躍一時，其後擔任日本國家足球隊教練。之後在日本創立並發展J聯盟文化。

小叮嚀

拿出勇氣跨出第一步，就能開創新世界。

92

「絕不能放棄」這句話說起來容易，不過不放棄也未必是件好事。

將棋棋士 **羽生善治**的名言

【羽生善治】（1970年～）埼玉縣出身的棋士。史上第三位中學生棋士，很早就嶄露頭角，1996年成為將棋界第一位達成獨占七大頭銜壯舉的人。

鍥而不捨的努力相當重要。靠著鍥而不捨的努力，幾乎所有事都能成功，然而世上也有無計可施的事。這時最好果斷放棄，轉而思考下一步。這句名言很有活在「將棋」這個「勝負世界」的棋士特色，是羽生在思考如何贏得最終勝負時所說的話。

小叮嚀

在這世上，「適時收手」也很重要。

93

花式滑冰選手 淺田真央的名言

我唯獨不想忘記喜歡滑冰、滑冰好快樂的這份心情。

【淺田真央】（1990年～）愛知縣出身的花式滑冰選手。在2010年冬季奧運贏得銀牌，接著又在2014年冬季奧運獲得第6名。也在多項錦標賽中獲得優勝。

任何運動項目當中的「一流」選手，練習量都多出他人好幾倍。儘管有時也會咬牙落淚，但正因為喜歡這項競技，才能夠持續練習。這是淺田真央在溫哥華奧運奪得銀牌，重新檢視自己的原點「喜歡滑冰」時所說的名言。

小叮嚀

「喜歡」具有無限大的力量。

94

相信喜歡的力量。

漫畫家 **水木茂**的名言

喜歡畫畫的人，不管什麼都能輕而易舉地畫出來。只是很普通地做「自己喜歡的事」，也能達成比他人厲害的成就。所以水木茂說，「喜歡」這件事充滿了力量。

儘管水木茂在戰場上失去一隻手，還是成為一名成功的漫畫家。不過他說，比起成功，能夠持續畫自己喜歡的漫畫長達60年以上才叫幸福。他還說：「就算不能獲得成功也沒關係，去尋找能讓自己能全力以赴的事吧。」

【水木茂】（1922年～2015年）鳥取縣出身的妖怪漫畫大師。早期作為連環畫劇及出租漫畫家持續作畫，始終不放棄，年過40後才成為當紅漫畫家。

小叮嚀

感謝自己生在能做自己喜歡的事的時代。

更加了解這個人物

戰爭期間，水木茂曾參與在南方島嶼的戰爭，結果遭到轟炸而失去了左手。要是當時連右手也失去了，漫畫家水木茂大概就不會誕生。在推出《鬼太郎》、《靈幻小子》等暢銷作品前，水木茂過著三餐不繼的貧困生活，不過他卻想：「真正可憐的是那些死於戰爭的夥伴。比起他們，我幸運多了。」

在水木茂的故鄉境港市的街道上，到處可見他筆下妖怪角色的銅像，據說水木茂說：「這是我的榮幸。」完全沒有收取版權費。

做自己喜歡的事時，的確會做得比別人好。
能夠做自己喜歡的事，真的很幸福。

95

版畫家 **棟方志功**的名言

我要成為梵谷。

【**棟方志功**】（1903年～1975年）來自青森縣的世界知名版畫家。以佛教為題材的《阿彌陀如來像》及《必至無上道》等作品獲得極高的評價。

棟方志功來自青森縣。小時候，他看到荷蘭著名畫家梵谷的作品，便立志成為藝術家，宣告道：「我要成為梵谷！」而他也真的成為了世界級的版畫家。以由衷憧憬的對象為自己的目標，就能成為實現夢想的動力。

小叮嚀

尋找自己由衷憧憬的「心靈導師」。

96

影評人 **淀川長治**的名言

我從未遇到讓我討厭的人。

【淀川長治】（1909年～1998年）兵庫縣出身的影評人。32年來擔任電視播放的電影解說，其妙語如珠的解說深受家家戶戶的歡迎。

這句名言還有後續：「我很明白『喜歡』帶來的助益有多大。」喜歡上討厭對象的祕訣，在於找出對方的「優點」。淀川長治長年擔任電影解說，據說他在解說乏味的電影時，會找出該電影的音樂或演員演技等優點向觀眾介紹。

小叮嚀

不論是誰都有優點。

97

經營者、技術士 **本田宗一郎**的名言

比起害怕挑戰後而失敗，什麼都不做才叫人害怕。

【本田宗一郎】（1906年～1991年）靜岡縣出身的企業家。本田技研工業的創始人。他憑藉優異的工匠技術與絕不妥協的行動力引領公司，逐漸發展成聞名世界的汽車製造商。

本田宗一郎從戰後僅20名員工的小工廠起家，一手創立被稱為「世界的本田」的大企業，只有他才能說出這句名言。為自己身為技術人員而驕傲的本田，據說在榮獲國家頒發勳章時，說：「作業服就是技術人員的正裝。」打算穿作業服出席皇居舉辦的派對，結果遭到眾人勸阻。

小叮嚀

失敗為成功之母。什麼都不做就不會成功。

98

企業家 小林一三的名言

沒有錢什麼都不能做的人，就算有了錢還是什麼都不能做。

【小林一三】（1873年～1957年）山梨縣出身的企業家、政治家。為現在阪急阪神東寶集團的創辦人，也曾擔任國務大臣。

小林一三是個相當有創意的人，他為了幫自己經營的鐵路招攬乘客，便召集少女，創辦了寶塚歌劇團。如同這句名言所說，不論是工作還是玩樂，只要動動腦，就算不花錢也能獲得成功，玩得盡興。希望大家記住，花錢了事是最安逸的方法。

小叮嚀

只要肯動腦，方法要多少有多少。

99

繪本作家 柳瀨嵩的名言

急著絕望實在太可惜。

出自《小手掌》柳瀨嵩著

【柳瀨嵩】（1919年～2013年）東京都出身的漫畫家、詩人。除了兒童動畫外，也是收錄於日本教科書中的《將雙手舉向太陽》等歌曲的作詞人。

這句名言的意思是「馬上就放棄會讓機會溜走，實在可惜」。柳瀨嵩以《麵包超人》聞名，不過他年輕時卻一直畫不出暢銷作品。看到同期的漫畫家個個都紅了起來，他也曾一度感到焦急，不過就如同這句名言所說，只要抱著希望，一定會成功。

小叮嚀

沒有不會破曉的黑夜，也沒有不會停歇的雨。

100

猶太少女 安妮・法蘭克的名言

發自內心的微笑，比吞下十顆藥更有效。

出自《安妮日記》安妮・法蘭克著

【安妮・法蘭克】（1929年～1945年）猶太裔德國人。因猶太人受到迫害，在藏身之處度過多愁善感的少女時代，寫成《安妮日記》。年僅15歲便死於集中營。

只因為身為猶太人，安妮被迫躲藏度日，照理說她的生活應該一點也不快樂。不過她如同這句名言所說，總是不忘保持笑容。不論處在任何狀況，都能夠隨心所欲地想像。想到高興的事，自然就會笑容不斷。這句話的確相當重要。

小叮嚀

笑容是讓人生充滿活力的調味料。

4 名言大師問答題

各位覺得這趟蒐集名言之旅如何呢？這是最後一次測驗。最後的測驗不是填空題，而是寫出屬於自己的名言。也就是運用從前面蒐集到的 100 句名言學到的教訓，自己寫名言。希望大家將寫好的名言永遠銘記在心，作為自己心靈支柱之一，好好珍惜！

問答題　請想出一句今後一輩子都受用的「屬於自己的名言」，填入下方（ ）內。

（　　　　　　　　　　　　）

這是我想出來的名言。

（所謂喜歡，就是再怎麼麻煩也不嫌麻煩！）

我的是這句！

（光靠在校成績，是評量不出一個人的出色之處的。）

結束「蒐集名言之旅」

老實說，一開始被分配到與小言同一組時很不滿，心想「怎麼會跟他同一組？」而現在，我了解到小言也有許多優點。奈奈美老師，謝謝您！
這趟旅程雖然漫長，結束後卻覺得時間過得好快……能見到許多偉人，知道許多名言佳句，真是太棒了！琴葉、還有陪我們一起旅行的各位讀者，謝謝你們！
汪汪！
透過這次旅行，大家似乎都了解到感謝及友情的重要性。你們都成長了不少，老師也感到很欣慰。
集滿100句名言後，各位就能順利從名言學園小學部畢業了。不過名言的世界仍無限寬廣，希望各位今後能夠以名言宗師為目標，繼續加油！

後記

這趟與小言及琴葉一起蒐集名言的旅程，各位覺得如何呢？

名言當中凝聚了古代人及現代偉人的智慧與思考方式。

因此，了解名言就是在學習前人的卓越智慧與思考方式。

有時認識一句名言，不僅能消除煩惱，甚至能找到自己應該前進的道路。

如果你因為這本書而愛上名言，請務必去尋找更多名言佳句。

你一定能從名言中學到更多東西。

名言大師　西沢泰生

索引

參考文獻

以下是本書的參考文獻（順序不同）

・『故事名言・由来・ことわざ総解説』自由国民社
・『名言』座右の銘研究会編・里文出版
・『ことわざ故事金言小辞典』福音館書店
・『座右の銘１３００』別冊宝島編集部編
・『名言の正体』山口智司著・学研新書
・『男の座右の銘』山口拓朗監修・シンコーミュージック・エンタテイメント
・『君を成長させる言葉』酒井 穣著・日本実業出版社
・『あなたの潜在能力を引き出す20の原則と54の名言』ジャック・キャンフィールド、ケント・ヒーリー著・ディスカヴァー・トゥエンティワン
・『賢人たちに学ぶ自分を磨く言葉』本田季伸著・かんき出版
・『悩みを「力」に変える１００の言葉』植西 聰著・ＰＨＰ新書
・『こども座右の銘』「座右の銘」研究会編・メトロポリタンプレス
・『アインシュタイン１５０の言葉』ジェリー・メイヤー、ジョン・P・ホームズ編・ディスカヴァー・トゥエンティワン
・『明日を切り拓く手塚治虫の言葉２０１』ぴあ出版
・『生きる力が湧いてくる！感動の言葉』中山和義著・Ｇａｋｋｅｎ
・『ウォルト・ディズニーの言葉』ぴあ出版
・『名言セラピー 幕末スペシャル』ひすいこうたろう著・ディスカヴァー・トゥエンティワン

在介紹名言的頁面沒有標示出版社名者，為古典文學或是兒童文學等廣為人知、由眾多出版社出版發行的刊物。

作者簡介

名言大師　西沢泰生

1962 年出生於神奈川縣。
從小就愛讀書，不厭其煩地閱讀諺語及名言錄。
運用書本中所得到的知識參加電視猜謎節目，
曾在《Attack25》、《Quiz Time Shack》等節目獲得冠軍。
在《第 10 屆橫斷美國超搶答》節目中一路晉級到紐約的決賽，
獲得第二名。
就職後，擔任社內報編輯長達約 20 年。
主要著作：《壁を越えられないときに教えてくれる一流の人のすごい考え方》
（ASCOM）／《夜、眠る前に読むと心が「ほっ」とする 50 の物語》（三笠書房）
／《コーヒーと楽しむ　心が「ホッと」温まる 50 の物語》（PHP 文庫）等。

晨讀10分鐘
人生勝利組的啟蒙名言100句

出　　版／楓書坊文化出版社
地　　址／新北市板橋區信義路163巷3號10樓
郵 政 劃 撥／19907596　楓書坊文化出版社
網　　址／www.maplebook.com.tw
電　　話／02-2957-6096
傳　　真／02-2957-6435
作　　者／西沢泰生
翻　　譯／黃琳雅
責 任 編 輯／王綺
內 文 排 版／楊亞容
校　　對／邱怡嘉
港 澳 經 銷／泛華發行代理有限公司
定　　價／320元
初 版 日 期／2020年9月

國家圖書館出版品預行編目資料

晨讀10分鐘 人生勝利組的啟蒙名言100句
/ 西沢泰生作；黃琳雅譯. -- 初版. -- 新北
市：楓書坊文化, 2020.09　面；　公分

ISBN 978-986-377-620-8（平裝）

1. 格言

192.8　　109009591